12歳からはじめる
賢い大人になるための
ビジネス・レッスン

「会計」ってなに？

友岡 賛
susumu tomooka

税務経理協会

はじめに

　この本は，子どものための会計のテキストです。

　子どものみなさんも，会計，という言葉は聞いたことがあるでしょう。
　(かんがえてみたことなんかないかもしれませんが) 会計ってなんだとおもいますか？

　この本は'会計っていうのはこういうものなんだ'ということをわかってもらうための本です。

　ただし，この本には，こまかいこと，むずかしいことは書いてありません。
　'会計っていうのはこういうものなんだ'ということだけわかれば，それで充分，ということです†。

---

† ただし，'もう少しくわしいことを知りたい'というばあいには，つぎの本をみてください。

『会計の時代だ──会計と会計士との歴史──』筑摩書房（ちくま新書）
『アカウンティング・エッセンシャルズ』有斐閣

ところで，どうしてこんな本を書いたのか，といえば，それは，税務経理協会の常務取締役の大坪克行さん，というとても親しい人にたのまれたからです。
　この大坪さんは，大学でのボクの，おしえ子，で，それに，ボクとおなじ小学校（慶應義塾幼稚舎）を出た後輩です。
　「子ども向けのビジネスの本を出したいんですけど，書いてもらえませんか？」

　近ごろは，子どものうちから，たとえば投資（おカネのつかい方）などといったビジネスのことを勉強するのが流行っているようです（たとえば早稲田大学の大学院は，子どもたちに投資のことをおしえる，キッズ・マーケット・キャンプ，というイヴェントをやっています）が，ボクは，子どものうちから，そういうことを勉強するのをあまりよいこととはおもっていませんでした。

　でも，とても親しい人にたのまれたことでしたし，それにまた，ボクは，これまでいろいろな本を書いてきましたが，こういう本は書いたことがありませんでしたので，'書いてみたら面白そうだな'ともおもいました。
　というわけで，書いてみた，というわけです。

　　2006年9月3日，三田山上にて

　　　　　　　　　　　　　　　　　　　　　　　　友岡 賛

はじめに

　なお，一応，書きおわった原稿を，慶應義塾幼稚舎の大島誠一先生と，もうすぐ12歳になる双子の母親である友岡良枝さん（弟の奥さん），とにみていただき，貴重なご意見をいただきました。心からお礼もうしあげます。ありがとうございました。

もくじ

はじめに

第1章　会計ってなに？

- ◆ 会計ってなに？ ……………………………………11
- ◆ 会計はなんのためにする？ ………………………16
- ◆ 監査ってなに？ ……………………………………19
- ◆ ちゃんとした監査 …………………………………22
- ◆ 会計士ってなに？ …………………………………25

第2章　財務諸表ってなに？

- ◆ 貸借対照表と損益計算書と ………………………29
- ◆ 貸借対照表のしくみ ………………………………30

- ◆ 損益計算書のしくみ ……………………………37
- ◆ 貸借対照表と損益計算書との関係(かんけい) ……………41
- ◆ 財務諸表をつかった説明(せつめい) ……………………44

第3章　財務諸表でなにがわかる？

- ◆ もうかっているか？ ……………………………53
- ◆ どんなぐあいにもうかっているか？　その1 ……59
- ◆ どんなぐあいにもうかっているか？　その2 ……63
- ◆ 借(か)りたおカネを返(かえ)せるか？ ……………………70

第4章　会社(かいしゃ)ってなに？

- ◆ 会社ってなに？ ……………………………………77
- ◆ 株(かぶ)ってなに？　株主(かぶぬし)ってなに？ ……………………79
- ◆ 配当(はいとう)ってなに？ ……………………………………82

もくじ

第5章　会計士ってなに？

- ◆ 会計士はなにをする？ …………………………89
- ◆ 会計士になるには …………………………………94
- ◆ プロフェッション …………………………………98

第6章　会計の歴史

- ◆ みっつのできごと …………………………………103
- ◆ 複式簿記(ふくしきぼき) …………………………………………104
- ◆ 期間計算 ……………………………………………106
- ◆ 発生主義(はっせいしゅぎ) …………………………………………108
- ◆ 今日(こんにち)の会計 …………………………………………110

第1章
会計ってなに？

第1章　会計ってなに？

◆　会計ってなに？

会計は，簡単(かんたん)にいってしまえば，**説明(せつめい)**，です。

もちろん，説明，にもいろいろな，説明，があります。
では，会計という説明，はどういう，説明，なのでしょうか？
どのようなときに，だれがする，説明，なのでしょうか？

会計という説明はどのようなときにするのか，といえば，それは，おカネを持(も)っている人(ひと)が，だれかほかの人にたのんで，自分(じぶん)のかわりにそのおカネを増(ふ)やしてもらおうとしている，というときです。

　　Aさんは'おカネを増やしたい'とおもっています。
　　もちろん，Aさんは自分でおカネを増やすこともできますが，自分でやるのはメンドクサイとおもっています。
　　'だれかかわりにやってくれる人はいないかな？'

　　Bさんは'ホテルをやってもうけたい'とおもっています。でも，ホテルをはじめるにはおカネがかかります。
　　Bさんにはおカネがありません。

'だれかおカネを出してくれる人はいないかな?'

Aさん

おカネを増やしたいな

ホテルをやってもうけたいな

HOTEL

Bさん

AさんとBさんとが会いました。

Aさんのほうからいうとき
　　Aさん　「おカネを増やしたいんですけど,わたしの

第1章 会計ってなに？

　　　かわりにやってくれませんか？」
　　「わたしのおカネでホテルをやって，わたしのおカネを増やしてくれませんか？」
　　「もちろん，タダで，とはいいません。もうけが出たら，あなたにもおカネをあげますから。約束します」
　Bさん　「わかりました。やりましょう」

Bさんのほうからいうとき
　Bさん　「ホテルをやりたいんですけど，おカネを出してくれませんか？」
　　「あなたのおカネでホテルをやって，あなたのおカネを増やさせてくれませんか？」
　　「もちろん，ガンバってやりますから。ちゃんともうけて，あなたのおカネを増やしますから。約束します。でも，ちゃんともうけたら，わたしにもおカネをくださいね」
　Aさん　「わかりました。出しますから，ちゃんとやってくださいね」

　どちらにしても，このようにしてAさんとBさんとは約束しました。

会計は，このような約束をしたときにする説明，ＢさんがＡさんにする説明，なのです。

　では，いったいなにを説明するのか，といえば，Ｂさんは，どのようにＡさんのおカネを増やしているか，を説明するのです。

　つまり，会計とは，**おカネを増やすことをたのまれた人が，どのようにおカネを増やしているかを，たのんだ人に説明すること**，なのです。

第1章 会計ってなに？

おカネ

Aさん

HOTEL

Bさん

説明
＝
会計

15

◆ 会計はなんのためにする？

会計の目的(もくてき)は，簡単にいってしまえば，**安心(あんしん)させること**，です。だれを安心させるのか，といえば，Ａさんを安心させるのです。

　　Ａさんは Ｂさんがホテルをやるのにおカネを出しました。
　　Ａさんはおカネを出しただけで，ホテルはＢさんがやっています。

　　Ａさんは，Ｂさんがちゃんとホテルをやっているかどうか，がわかりません。
　　Ａさんは，Ｂさんがちゃんともうけて，自分のおカネを増やしてくれているかどうか，がわかりません。

　　そんなＡさんは'だいじょうぶかな？'とかんがえます。

　「ガンバってやりますから。ちゃんともうけて，あなたのおカネを増やしますから」と約束したＢさんですが，ホントに約束したとおりにやってくれているかどうか？
　　ガンバってやらないで，ナマけているかもしれません。
　　Ａさんのおカネをムダづかいしているかもしれません。

第1章　会計ってなに？

　Aさんは心配(しんぱい)になります。
　心配になったAさんは'このままでいいのかな？'とかんがえます。

　そこで，Bさんは，Aさんを安心させなければなりません。
　Bさんは，このままAさんのおカネでホテルをやりつづけるために，Aさんを安心させなければなりません。

　そこで，Bさんは「わたしはちゃんとホテルをやってますよ。ちゃんともうけて，あなたのおカネを増やしてますよ。だいじょうぶですよ。安心してください」といったような説明をするのです。

　このような説明が会計なのです。

Aさん: だいじょうぶかな？

Bさん: だいじょうぶですよ

説明 = 会計
せつめい　かいけい

◆ 監査ってなに？

　監査とは，簡単にいってしまえば，**会計をチェックすること**，です。
　会計という説明がちゃんとしたものかどうか，を調べて確かめること，です。

　そんな監査はなんのためにするのでしょうか？

　監査の目的も，**安心させること**，Ａさんを安心させること，です。

　まえにいったことからわかるように，会計というのは，Ｂさんが自分のやっていることを，自分で説明する，もの，です。
　だから，自分につごうのいい説明，になってしまうかもしれません。
　ちゃんとやっていなくても，「わたしはちゃんとやってますよ」というかもしれません。
　ナマけていても，「ガンバってやってますよ」というかもしれません。

　Ａさんは，Ｂさんに「ちゃんとやってますよ」と説明されても，

その説明（会計）がちゃんとしているかどうか？

> 　Ａさんには，Ｂさんがちゃんとした説明をしているかどうか，がわかりません。
>
> 　そんなＡさんはまた，'だいじょうぶかな？'と心配になります。
> 　心配になったＡさんは'このままでいいのかな？'とかんがえます。
>
> 　そこで，Ｂさんはまた，Ａさんを安心させなければなりません。
> 　Ｂさんは，このままＡさんのおカネでホテルをやりつづけるために，Ａさんを安心させなければなりません。

　そこで，Ｂさんは，自分がした説明（会計）をチェックしてもらうのです。
　これが監査です。

　監査をする人のことを，**監査人**（かんさにん），といいます。

　Ｂさんは，この監査人に監査をしてもらうことで，「わたしの説明はチェックしてもらってますから，ちゃんとした説明ですよ。

第 1 章　会計ってなに？

だいじょうぶですよ。安心してください」ということをAさんに
つたえるのです。

Aさん

Bさん

説明
=
会計

チェック＝監査

監査人

◆ ちゃんとした監査

しつこいようですが，話(はなし)はまだおわりません。
　監査がちゃんとした監査かどうか，ということがのこっています。

　Aさんは，Bさんに「わたしの説明はチェックしてもらってますから，ちゃんとした説明ですよ」といわれても，そのチェック（監査）がちゃんとしているかどうか？

> 　Aさんはまたまた，'だいじょうぶかな？'と心配になります。

　このことは，つまり，監査人が**ちゃんとした監査人**かどうか，ということです。

　では，どういう人が，ちゃんとした監査人，なのでしょうか？

　ちゃんとした監査人，には大事(だいじ)なものがふたつあります。

　ひとつは，**独立性**(どくりつせい)，というものです。
　これは，Bさんとグルになっていない，ということです。

グルになる，というのは，いっしょになって，よくないことをする，ということです。

　監査人は，Bさんがした会計（説明）がちゃんとしたものかどうかをチェックするのですから，Bさんとグルになっていては意味がありません。

　もうひとつ大事なのは，**専門性**，というものです。
　これは，会計のことがわかっている，ということです。

　じつは，会計という説明には，財務諸表，というものをつかいます（この，財務諸表，のことは第2章で勉強します）。
　ですから，会計がちゃんとしたものかどうかをチェックするということは，じつは，この，財務諸表，がちゃんとしたものかどうかをチェックするということなのです。
　しかし，この，財務諸表，というものはちょっとややこしくて，会計のことがわかっていないとちゃんとしたチェックができません。

　監査人は，会計（説明）がちゃんとしたものかどうかをチェックするのですから，会計のことがわかっていなければ意味がありません。

このような，独立性，と，専門性，とを持っている人が，ちゃんとした監査人，なのです。

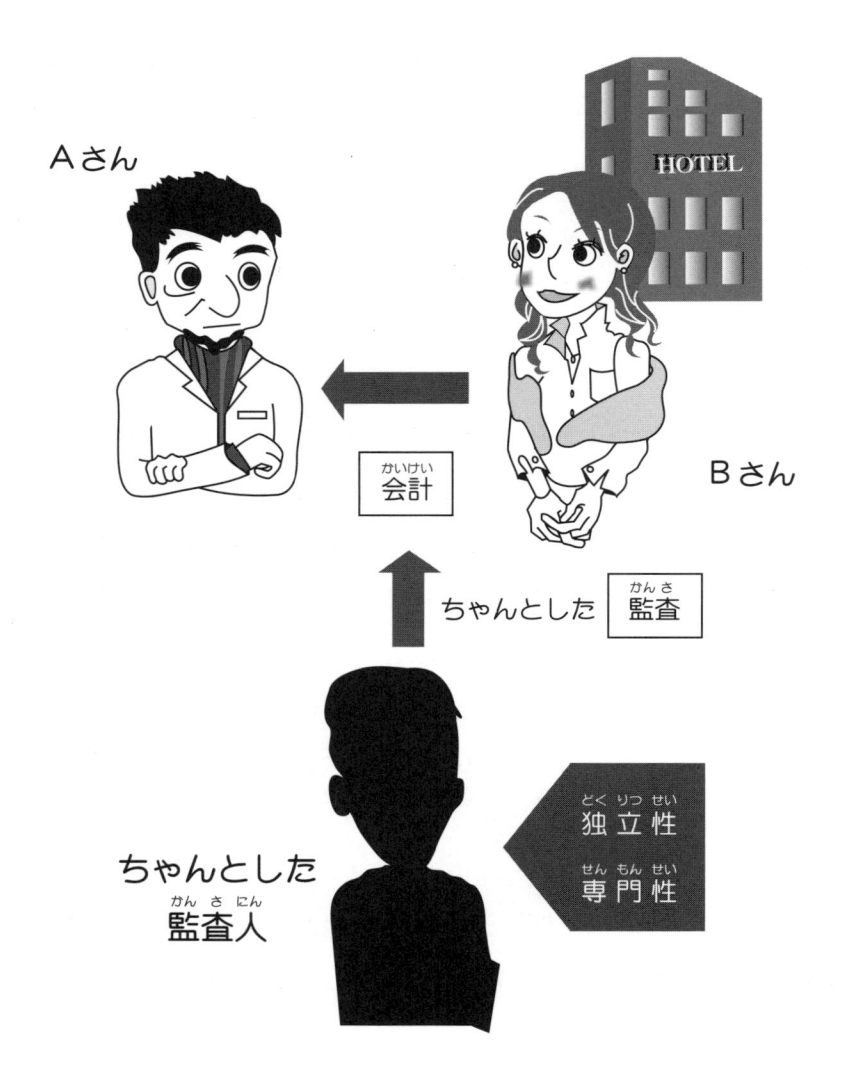

◆ 会計士ってなに？

> そこで、Bさんは、会計士、という人を監査人にします。

会計士は、むずかしい試験に合格した会計の専門家です。
会計のことがよくわかっています。

それに、Bさんとグルになったりしてはいけない、ということもよくわかっています。

だから、ちゃんとした監査ができます。

Bさんは、このような会計士、つまり、ちゃんとした監査人に監査してもらうことで、「わたしの説明はちゃんとしたチェックをしてもらってますから、ちゃんとした説明ですよ。だいじょうぶですよ。安心してください」ということをAさんにつたえるのです。

> これで、Aさんも安心します。
> 'このままでいいみたいだな'
>
> Bさんは、このままAさんのおカネでホテルをやりつづけることができます。

めでたし，めでたし，というわけです。

第2章

財務諸表ってなに？

◆ 貸借対照表と損益計算書と

まえにいったように、会計には、**財務諸表**、というものをつかいます。

諸、というのは、たくさんの、ということですから、会計には、たくさんの、財務表、というものをつかうわけですが、そのなかで、とくに大切なもの、これだけは知っておいたほうがいい、というものがふたつあります。

貸借対照表、というものと、**損益計算書**、というものとです。

貸借対照表は、Bさんがやっているホテルの、おカネ、や、モノ、をあらわし、また、そのおカネ、や、そのモノを買ったおカネ、は、どうやって手に入れたおカネなのか、ということをあらわします。

損益計算書は、Bさんがやっているホテルは、どのようにしてもうけたのか、ということをあらわします。

◆ 貸借対照表のしくみ

貸借対照表は，つぎのような英語のTの形をしています。

貸借対照表	

貸借対照表の左側には，**資産**，というものを書きます。
貸借対照表の右側には，上のほうに，**負債**，というものを書いて，下のほうに，**資本**，というものを書きます。

貸借対照表	
資産	負債
	資本

貸借対照表の左側には，資産，というものを書きます。
　資産とは，Bさんがやっているホテルの，おカネ，や，モノ，のことです。

第2章 財務諸表ってなに？

> Bさんがホテルをやりはじめたとき，ホテルには10万円のおカネがありました。
> それから2,000万円で買った建物と15万円で買ったパソコンと5万円で買った机とがありました。

貸借対照表

おカネ	10万
建物	2,000万
パソコン	15万
机	5万

会計では，おカネ，のことを，現金，といいます。また，パソコンや机などといったものをひとまとめにして，備品，といいます。

貸借対照表

現金	10万
建物	2,000万
備品	20万

貸借対照表の右側には，Bさんがやっているホテルの，おカネ，や，モノ（建物やパソコンや机）を買ったおカネ，は，どうやって手に入れたおカネなのか，ということを書きます。

このようなおカネは，手に入れる方法によって，3種類に分けられます。

　ひとつめは，Aさんのような人に出してもらったおカネです。
　ふたつめは，銀行などから借りたおカネです。
　みっつめは，……あとで出てきます。

　　Bさんは，Aさんに2,000万円のおカネを出してもらいました。
　　Aさんに出してもらったおカネでホテルの建物を買いました。

　　それから，パソコンや机を買うために，銀行から30万円のおカネを借りました。
　　借りたおカネですから，もちろん，返さなくてはなりません。1年たったら返す，という約束で借りました。
　　でも，パソコンと机とは20万円で買えたので，10万円のおカネがのこっています。

貸借対照表

現金	10万	Aさんに出して	
建物	2,000万	もらったおカネ	2,000万
備品	20万	銀行から借りた	
		おカネ	30万

　会計では，Aさんのような人に出してもらったおカネ，のことを，資本金，といいます。また，銀行などから借りたおカネのことを，借入金，といいます。

　貸借対照表の右側には，上のほうに，負債，というものを書いて，下のほうに，資本，というものを書きます。

　負債とは，借入金，や，借入金と似たもの（ちょっとむずかしいので，この本ではふれませんが），のことです。
　資本とは，資本金，や，資本金と似たもの（これも，ちょっとむずかしいので，この本ではふれませんが），のことです。

貸借対照表

現金	10万	借入金	30万
建物	2,000万	資本金	2,000万
備品	20万		

左側をたし算すると　10万円 + 2,000万円 + 20万円 = 2,030万円　です。

　右側をたし算すると　30万円 + 2,000万円 = 2,030万円　です。

　左側には，おカネ，や，モノ，を書いて，右側には，そのおカネ，や，そのモノを買ったおカネ，は，どうやって手に入れたおカネなのか，ということを書くのですから，左側の合計と右側の合計とはおなじ金額になるわけです。

　合計は，つぎのように書きます。

貸借対照表

現金	10万	借入金	30万
建物	2,000万	資本金	2,000万
備品	20万		
	2,030万		2,030万

　Bさんがホテルをやりはじめてから1年がたちました。

　1年たったらおカネが310万円になっていました。

第2章 財務諸表ってなに？

貸借対照表			
現金	310万	借入金	30万
建物	2,000万	資本金	2,000万
備品	20万		
	2,330万		2,030万

　左側と右側とがおなじ金額になりません。左側のほうが300万円，多くなっています。

　この300万円はどうやって手に入れたおカネなのでしょうか？

　まえにいった，3種類のおカネ，のみっつめがこれです。

　この300万円はホテルをやって手に入れたおカネ，つまり，もうけ，です。

貸借対照表			
現金	310万	借入金	30万
建物	2,000万	資本金	2,000万
備品	20万	もうけ	300万
	2,330万		2,330万

　会計では，もうけ，のことを，**利益**，といいます。

貸借対照表

現金	310万	借入金	30万
建物	2,000万	資本金	2,000万
備品	20万	利益	300万
	2,330万		2,330万

> おカネが増えたので,銀行から借りたおカネを返すことにしました。

現金が30万円,減って,借入金がなくなりました。

貸借対照表

現金	280万	資本金	2,000万
建物	2,000万	利益	300万
備品	20万		
	2,300万		2,300万

第2章　財務諸表ってなに？

◆ 損益計算書のしくみ

損益計算書も，つぎのような英語のTの形をしています。

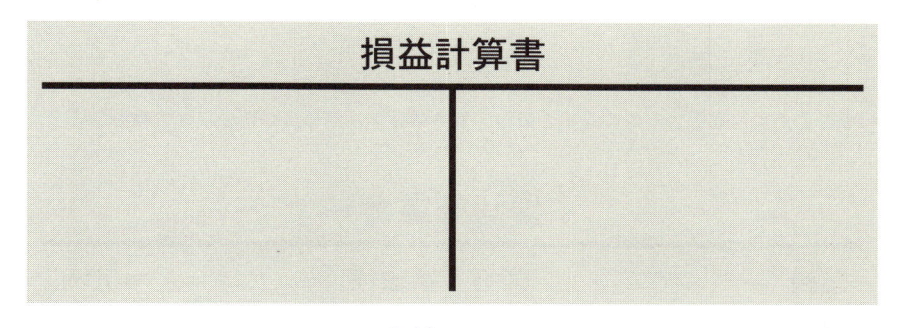

損益計算書

損益計算書の左側には，**費用**（ひよう），というものを書きます。
損益計算書の右側には，**収益**（しゅうえき），というものを書きます。

収益とは，ホテルのお客（きゃく）さんからもらった，宿泊代（しゅくはくだい），のことです。

費用とは，ホテルに人を泊（と）めて宿泊代をもらうために費（つい）やした（つかって減った）おカネやモノ，のことです。

　　Bさんがやっているホテルの宿泊代はひとり1万円です。この1年間（ねんかん）に400人（にん）が泊まりました。
全部（ぜんぶ）で400万円です。

　　Bさんは掃除（そうじ）などをしてもらうためにバイトをひとりや

といました。

　この１年間のバイトの給料(きゅうりょう)として60万円をはらいました。

　また，この１年間の水道代(すいどうだい)や電気代(でんきだい)として40万円をはらいました。

損益計算書			
給料	60万	宿泊代	400万
水道代や電気代	40万		

　会計では，お客さんからもらった〇〇代（ホテルのばあいは宿泊代），のことを，売上(うりあげ)，といいます。また，水道代や電気代などといったものをひとまとめにして，水道光熱費(すいどうこうねつひ)，といいます。

損益計算書			
給料	60万	売上	400万
水道光熱費	40万		

　損益計算書は，どのようにしてもうけたのか，つまり，どのようにして利益を得(え)たのか，ということをあらわします。

第2章 財務諸表ってなに？

どのようにして利益を得たのか，ということは，つぎのようにあらわすことができます。

　収益 － 費用 ＝ 利益
　400万円 － 100万円 ＝ 300万円

つまり，ホテルに人を泊めて400万円の宿泊代をもらって，そのために100万円のおカネを費やして，300万円の利益を得た,ということです。

収益 － 費用 ＝ 利益　という関係(かんけい)は，損益計算書では，つぎのようにあらわされます。

損益計算書	
費用	収益
利益	

損益計算書			
給料	60万	売上	400万
水道光熱費	40万		
利益	300万		

39

損益計算書

給料	60万	売上	400万
水道光熱費	40万		
利益	300万		
	400万		400万

第2章 財務諸表ってなに？

◆ 貸借対照表と損益計算書との関係

> Ｂさんがホテルをやりはじめたのは1月1日(がつついたち)でした。

このときの貸借対照表は，つぎのとおりでした。

貸借対照表 1月1日			
現金	10万	借入金	30万
建物	2,000万	資本金	2,000万
備品	20万		
	2,030万		2,030万

> Ｂさんがホテルをやりはじめてから1年がたちました。つまり，12月31日(にち)になりました。

この1年間の損益計算書は，つぎのとおりでした。

損益計算書
1月1日～12月31日

給料	60万	売上	400万
水道光熱費	40万		
利益	300万		
	400万		400万

損益計算書には，この1年間の収益と費用とがしめされ，そしてこの1年間の利益がしめされています。

この1年間，損益計算書にしめされているような収益と費用とがあって，300万円の利益を得た結果，12月31日の貸借対照表は，つぎのようになりました。

貸借対照表
12月31日

現金	310万	借入金	30万
建物	2,000万	資本金	2,000万
備品	20万	利益	300万
	2,330万		2,330万

銀行から借りたおカネを返した結果，貸借対照表は，つぎのようになりました。

貸借対照表
12月31日

現金	280万	資本金	2,000万
建物	2,000万	利益	300万
備品	20万		
	2,300万		2,300万

◆ 財務諸表をつかった説明

> Bさんは，Aさんに財務諸表をみせて，説明します。

貸借対照表
12月31日

現金	280万	資本金	2,000万
建物	2,000万	利益	300万
備品	20万		
	2,300万		2,300万

貸借対照表の左側は，全部で2,300万円のおカネやモノがあることをしめしています。

> Aさんに出してもらったおカネは2,000万円でした。
>
> Bさん 「わたしはちゃんとホテルをやってますよ。約束どおりやってますよ。ちゃんと300万円もうけて，2,000万円を2,300万円に増やしましたよ。だいじょうぶですよ。安心してく

第2章 財務諸表ってなに？

ださい」

損益計算書			
1月1日〜12月31日			
給料	60万	売上	400万
水道光熱費	40万		
利益	300万		
	400万		400万

　損益計算書は，どのようにして300万円もうけたのか，ということをあらわしています。

　費用（給料と水道光熱費と）が100万円，収益（売上）が400万円で，300万円のもうけです。

> Ｂさん 「100万円しかかけないで400万円の売上があったので300万円のもうけになったんですよ。わるくないとおもいませんか？」

第 2 章　財務諸表ってなに？

　でも，Bさんがちゃんとした説明をしているかどうか，が問題(もんだい)です。
　この貸借対照表と損益計算書とがちゃんとしたものかどうか，が問題です。
　ホントに2,300万円に増えているのか，ホントに100万円しかかけないで400万円の売上があったのか，が問題です。

そこで，Ｂさんは，Ａさんにみせるまえに，財務諸表を監査(かんさ)してもらいます。
　ちゃんとした監査でなければ安心してもらえないので，会計士(かいけいし)，つまり，ちゃんとした監査人(かんさにん)に監査してもらいます。

　　Ｂさん　「財務諸表はちゃんとしたチェックをしても
　　　　　　らってますから，ちゃんとしたものですよ。
　　　　　　だいじょうぶですよ。安心してください」

これで，Ａさんも安心します。

　　Ａさん　「ちゃんとやってくれてるみたいですね。
　　　　　　じゃあ，約束どおり，あなたにもおカネをあ
　　　　　　げましょう。300万円のもうけのうち，100
　　　　　　万円をあげましょう」

第2章 財務諸表ってなに？

第3章

財務諸表でなにがわかる？

第３章　財務諸表でなにがわかる？

◆ もうかっているか？

　財務諸表にしめされている利益(りえき)からは，もうかっているかどうか，がわかります。

　第２章に出(で)てきた１年間(ねんかん)の損益計算書(そんえきけいさんしょ)は，つぎのようになっていました。

損益計算書

費用(ひよう)	収益(しゅうえき)
利益	

損益計算書
１月１日(がつついたち)〜12月31日(にち)

給料(きゅうりょう)	60万	売上(うりあげ)	400万
水道光熱費(すいどうこうねつひ)	40万		
利益	300万		
	400万		400万

53

これは,この1年間に400人が泊まって,400万円の売上が あった,というばあいでした。

　では,もしも,

> 　この1年間に100人しか泊まらなくて,100万円の売上 しかなかった

としたら,どうなるでしょうか？

　まえにいったように　収益（売上）－　費用（給料や水道光熱費）＝　利益　という関係ですから,つぎのようになります。

　　100万円　－　100万円　＝　0円

　このばあいの損益計算書は,つぎのようになります。

費用	収益

損益計算書

第3章 財務諸表でなにがわかる？

損益計算書			
1月1日〜12月31日			
給料	60万	売上	100万
水道光熱費	40万		
	100万		100万

利益はありません。

ぜんぜんもうかっていない，ということです。

Bさんのホテルのやり方には問題がありそうです。

また，もしも，

　この1年間に90人しか泊まらなくて，90万円の売上しかなかった

としたら，つぎのようになります。

収益 － 費用 ＝ ？
90万円 － 100万円 ＝ －10万円

収益よりも費用のほうが大きくて，マイナス，になってしまったばあいには，（10万円の）損失，といいます。

収益よりも費用のほうが大きいばあいの損益計算書は，つぎのようになります。

損益計算書

費用	収益
	損失

損益計算書
1月1日〜12月31日

給料	60万	売上	90万
水道光熱費	40万	損失	10万
	100万		100万

もうかっていないどころか，損をしています。

Ｂさんのホテルのやり方には大問題がありそうです。

第3章　財務諸表でなにがわかる？

◆ どんなぐあいにもうかっているか？
　その1

　どんなぐあいにもうかっているか，ということを，**収益性**，といいます。

　第2章に出てきた12月31日の貸借対照表は，つぎのようになっていました。

損益計算書			
12月31日			
現金	280万	資本金	2,000万
建物	2,000万	利益	300万
備品	20万		
	2,300万		2,300万

　Aさんに出してもらったおカネ，つまり資本金は2,000万円でした。

　つまり，2,000万円のおカネをつかって300万円もうけた，ということです。

59

このような収益性は，つぎのようにあらわされます。

$$収益性 = \frac{利益}{資本金} = \frac{300万円}{2,000万円} = 0.15$$

では，もしも，

> Aさんに出してもらったおカネ，つまり資本金が1,000万円だった

としたら，どうなるでしょうか？

このばあい，Aさんに出してもらったおカネで買（か）ったホテルの建物も1,000万円だった，としたら，貸借対照表は，つぎのようになります。

貸借対照表
12月31日

現金	280万	資本金	1,000万
建物	1,000万	利益	300万
備品	20万		
	1,300万		1,300万

第3章　財務諸表でなにがわかる？

　このばあいは，1,000万円のおカネをつかって300万円もうけた，ということです。

　収益性は，つぎのようにあらわされます。

$$収益性 = \frac{利益}{資本金} = \frac{300万円}{1,000万円} = 0.3$$

　2,000万円のおカネをつかって300万円もうけた，というときの収益性（0.15）よりも，大きくなっています。

　収益性が大きい，ということは，うまいぐあいにもうかっている，ということです。

　おなじ，300万円もうけた，というばあいでも，2,000万円をつかって，というときと，1,000万円をつかって，というときとでは，1,000万円をつかって，というときのほうが，うまいぐあいにもうかっている，ということです。

Aさん

貸借対照表
うまいぐあいに
もうかっている

Bさん

第3章 財務諸表でなにがわかる？

◆ どんなぐあいにもうかっているか？
その2

　第2章に出てきた1年間の損益計算書は，つぎのようになっていました。

損益計算書			
1月1日～12月31日			
給料	60万	売上	400万
水道光熱費	40万		
利益	300万		
	400万		400万

　損益計算書は，どのようにして300万円もうけたのか，ということをあらわしていました。

　費用（給料と水道光熱費と）が100万円，収益（売上）が400万円で，300万円のもうけでした。

　　400万円 － 100万円 ＝ 300万円

┏━━━━━━━━━━━━━━━━━━━━━━━━━━━━━━━━━━┓
　　Bさん「100万円しかかけないで300万円もうけま
　　　　　した。わるくないとおもいませんか？」
┗━━━━━━━━━━━━━━━━━━━━━━━━━━━━━━━━━━┛

このような収益性は，つぎのようにあらわされます。

$$収益性 = \frac{利益}{売上} = \frac{300万円}{400万円} = 0.75$$

では，もしも，つぎのようだった，としたら，どうなるでしょうか？

┏━━━━━━━━━━━━━━━━━━━━━━━━━━━━━━━━━━┓
　　宿泊代はひとり1万円です。
　　この1年間に340人が泊まりました。
　　全部で340万円です。

　　Bさんは掃除などは自分でしました。バイトはやといませんでした。
　　この1年間の水道代や電気代として40万円をはらいました。
┗━━━━━━━━━━━━━━━━━━━━━━━━━━━━━━━━━━┛

このばあいの損益計算書は，つぎのようになります。

第3章 財務諸表でなにがわかる？

損益計算書 1月1日〜12月31日			
水道光熱費	40万	売上	340万
利益	300万		
	340万		340万

　費用（水道光熱費）が40万円，収益（売上）が340万円で，300万円のもうけです。

　　340万円 − 40万円 ＝ 300万円

　もうけは，まえのばあいとおなじ300万円ですが，このときの収益性は，つぎのようにあらわされます。

$$収益性 = \frac{利益}{売上} = \frac{300万円}{340万円} = 0.88$$

　まえのばあいの収益性（0.75）よりも，大きくなっています。

　収益性が大きい，ということは，うまいぐあいにもうかっている，ということです。

　おなじ，300万円もうけた，というばあいでも，100万円かけて，

65

というときと，40万円かけて，というときとでは，40万円かけて，というときのほうが，うまいぐあいにもうかっている，ということです。

> Ｂさん「40万円しかかけないで300万円もうけました。すごいとおもいませんか？」

Ａさん　　　　　　　　Ｂさん

第3章　財務諸表でなにがわかる？

では，もしも，つぎのようだった，としたら，どうなるでしょうか？

> この1年間に640人が泊まりました。
>
> 掃除などをしてもらうためにバイトを5人やといました。
> この1年間のバイトの給料として300万円をはらいました。
> また，この1年間の水道代や電気代として40万円をはらいました。

このばあいの損益計算書は，つぎのようになります。

損益計算書
1月1日〜12月31日

給料	300万	売上	640万
水道光熱費	40万		
利益	300万		
	640万		640万

費用（給料と水道光熱費と）が340万円，収益（売上）が640万円で300万円のもうけです。

640万円 － 340万円 ＝ 300万円

もうけは，またまた300万円ですが，このときの収益性は，つぎのようにあらわされます。

$$収益性 = \frac{利益}{売上} = \frac{300万円}{640万円} = 0.46$$

　まえのばあいの収益性（0.88）よりも，そのまえのばあいの収益性（0.75）よりも，小（ちい）さくなっています。

　収益性が小さい，ということは，あまりうまいぐあいにもうかっていない，ということです。

> Ｂさん「300万円もうけましたけど，340万円もかかってしまいました……」

第3章　財務諸表でなにがわかる？

◆ 借(か)りたおカネを返(かえ)せるか？

　第2章に出てきた，銀行(ぎんこう)から借りたおカネを返すまえ，の貸借対照表は，つぎのようになっていました。

	貸借対照表		
	12月31日		
現金	310万	借入金(かりいれきん)	30万
建物	2,000万	資本金	2,000万
備品	20万	利益	300万
	2,330万		2,330万

　おカネがたくさんあったので，銀行から借りたおカネを返すことができました。

	貸借対照表		
	12月31日		
現金	280万	資本金	2,000万
建物	2,000万	利益	300万
備品	20万		
	2,300万		2,300万

第3章 財務諸表でなにがわかる?

借りたおカネを返すことができなくなってしまうことを，倒産(とうさん)，といいます。

もしも，つぎのようだった，としたら，どうなるでしょうか？

> Bさんは，Aさんに2,000万円のおカネを出してもらいました。
> でも，買いたいホテルの建物が3,000万円だったので，銀行から1,000万円のおカネを借りて，その建物を買いました。
>
> それから，パソコンや机(つくえ)を買うために，銀行からもう30万円のおカネを借りました。

このばあいの貸借対照表は，つぎのようになります。

貸借対照表
12月31日

現金	310万	借入金	1,030万
建物	3,000万	資本金	2,000万
備品	20万	利益	300万
	3,330万		3,330万

このばあいには，倒産してしまいそうです。

　借入金は借りたおカネですから，もちろん，返さなくてはなりません。
　1年(ねん)たったら返す，という約束で借りています。
　借りたのはホテルをやりはじめるときでしたから，つまり，12月31日になったら返す，という約束です。

　借入金は1,030万もあるのに，現金は310万しかありません。
　これでは返せません。

　建物や備品を売(う)ってしまえば，そこで手に入(い)れたおカネで借りたおカネを返す，ということもできますが，建物や備品がなくなってしまったら，もうホテルをやりつづけることができません。

第 3 章　財務諸表でなにがわかる？

　借りたおカネを返すことができるか，ということを，**安全性**，といいます。

　簡単にいってしまえば，借入金よりも現金のほうがたくさんあれば，安全性はだいじょうぶ，です。

第4章

会社ってなに？

◆ 会社ってなに？

　会社には，いろいろな会社がありますが，ふつう，会社，というときには，**株式会社**(かぶしきがいしゃ)，という会社のことを意味(いみ)しています。

> 　Cさんは'ホテルをやってもうけたい'とおもっています。でも，ホテルをはじめるにはおカネがかかります。
> 　Cさんにはおカネがありません。
> 　'だれかおカネを出(だ)してくれる人(ひと)はいないかな？'

　まえに出(で)てきたBさんは，おカネをたくさん持(も)っているAさんに会(あ)うことができました。そして，たくさんのおカネをAさんに出してもらうことができました。

　でも，Cさんのまわりには，たくさんのおカネを出してくれそうな人がいません。

> 　'じゃあ，ちょっとずつでもいいから，たくさんの人におカネを出してもらおう。たくさんの人からおカネをあつめよう'
> 　'よし，会社をつくろう'

会社とは，たくさんの人からおカネをあつめるためのしくみ，なのです。

第4章　会社ってなに？

◆ 株ってなに？　株主ってなに？

> Cさんは，Cホテル会社，という名前の会社をつくりました。
> Cさんは，2,000万円あつめたい，とおもいました。

会社には，**株**，というものがあります。

ちゃんとしたいい方では，**株式**，といいます（株式会社，の，株式，です）が，ふつうは，株，といいます。

この，株，というものを売ることで，たくさんの人からおカネをあつめることができるのです。

> Cさんは，Cホテル会社の株を100株，売ることにしました。
> 1株を20万円で売ることにしました。

20万円 × 100株 ＝ 2,000万円　ということです。

Aさんのように，ひとりで2,000万円も出せる人はなかなかいませんが，20万円くらいなら，出せる人はたくさんいます。

ひとりで10株くらい買える人, つまり (20万円 × 10株 ＝) 200万円くらい出せる人もいるでしょう。

> 　Ｃホテル会社の株は100株全部, 売れました。
> 　2,000万円のおカネが手に入りました。

　この2,000万円が, Ｃホテル会社の資本金, です。

　株を買ってくれた人たち, つまり, 資本金を出してくれた人たち, のことを, **株主**, といいます。

第4章 会社ってなに？

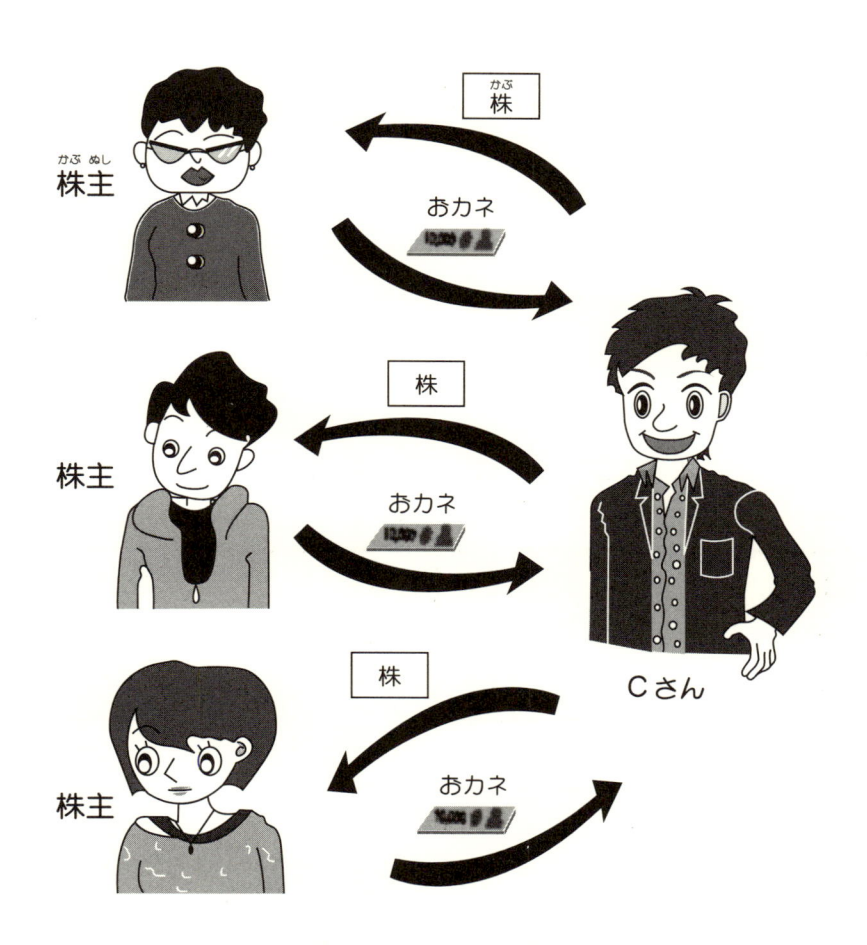

株主 ← 株 / おカネ → Cさん
株主 ← 株 / おカネ → Cさん
株主 ← 株 / おカネ → Cさん

Cさんは，この資本金で1,500万円の建物を買いました。それから，20万円の備品を買いました。

これでホテルをはじめることができます。

◆ 配当ってなに？

```
1年がたちました。
```

Cホテル会社の財務諸表は，つぎのとおりでした。

Cホテル会社の貸借対照表
12月31日

現金	780万	資本金	2,000万
建物	1,500万	利益	300万
備品	20万		
	2,300万		2,300万

Cホテル会社の損益計算書
1月1日～12月31日

給料	60万	売上	400万
水道光熱費	40万		
利益	300万		
	400万		400万

第4章　会社ってなに？

　　Cさんは，株主たちに財務諸表をみせて，説明(せつめい)します。

　　Cさんは，株主たちにみせるまえに，財務諸表を監査(かんさ)してもらっています。
　ちゃんとした監査でなければ安心(あんしん)してもらえないので，会計士(かいけいし)に監査してもらっています。

　　Cさん　「ホテルはうまくいってますよ。300万円もうかりましたよ」
　　　　　「財務諸表は会計士にチェックしてもらってますから，ちゃんとしたものですよ。安心してください」
　　　　　「300万円のもうけのうち，100万円をわたしがもらいます。あとの200万円は株主のみなさんのものですよ。それでいいですね」

この200万円は株主たちのあいだで分けます。

株主たちがもらうこの200万円のことを，**配当**，といいます。

ひとりひとりの株主がもらう配当の額(がく)は，持っている株の数(かず)，によってきまります。

83

つまり，1株についていくら，ということです。

Cホテル会社の株は全部で100株でしたから，つぎのようになります。

200万円 ÷ 100株 ＝ 2万円

つまり，1株について2万円，ということです。

Cホテル会社の株主は全部で91人います。

そのうち，Dさんという人だけは10株，持っています。
あとの90人は1株ずつ持っています。

つまり 10株 ＋ 1株 × 90人 ＝ 100株 ということです。

1株について2万円，ということでしたから，Dさんのもらう配当は，つぎのようになります。

2万円 × 10株 ＝ 20万円

そのほかの90人がそれぞれもらう配当は 2万円 × 1株 ＝ 2万円 です。

第4章 会社ってなに？

全部で（20万円 ＋ 2万円 × 90人 ＝）200万円になります。

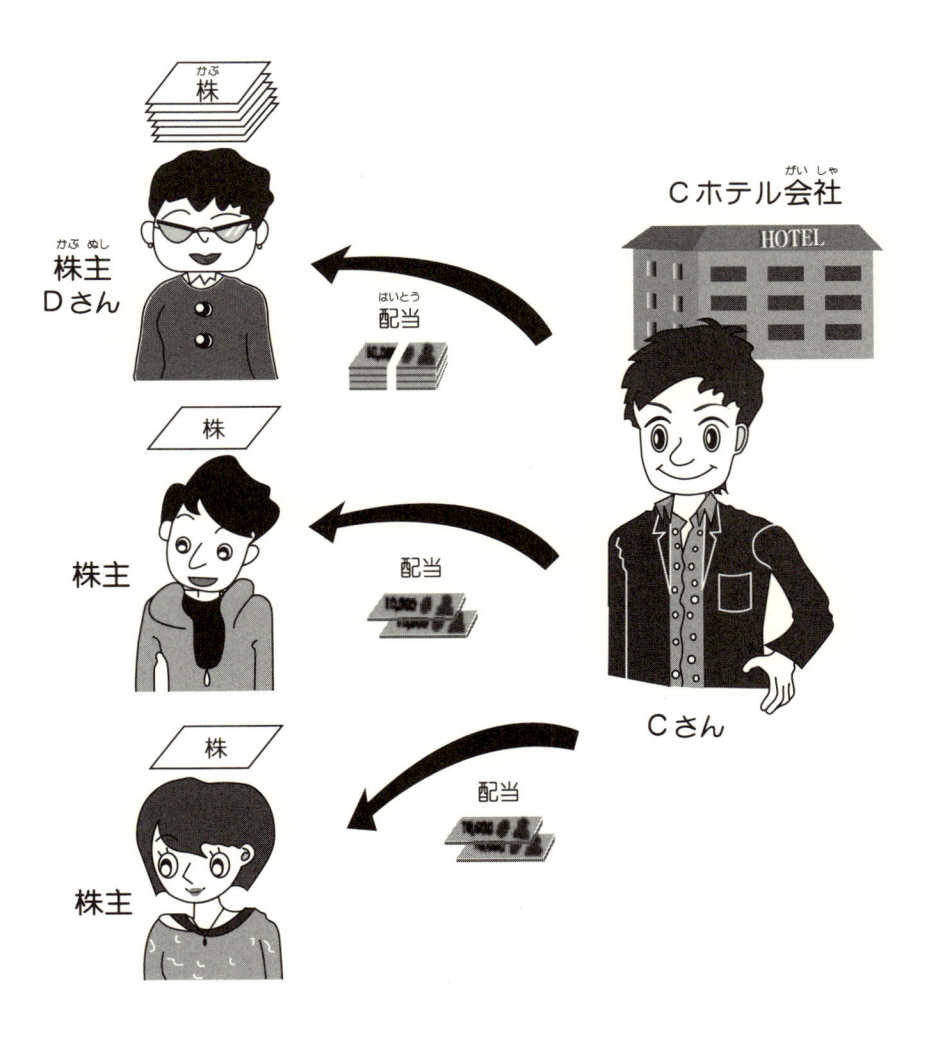

株
株主
Dさん
配当

Cホテル会社

株
株主
配当

株
株主
配当

Cさん

第5章

会計士ってなに？

第5章　会計士ってなに？

◆　会計士はなにをする？

　第1章でもいったように，会計士は会計の専門家です。
　ちゃんとしたいい方では，**公認会計士**，といいますが，ふつうは，会計士，といいます。

　この会計士は，だいたい4種類の仕事をしています。

　まずは，まえに出てきた，**監査**，という仕事があります。

　そのほかに，つぎの3種類の仕事があります。

　　会計にかんする仕事
　　税金にかんする仕事
　　経営コンサルティング，という仕事

　会計にかんする仕事とは，どういう仕事なのでしょうか？

> 　Cホテル会社という会社をつくってホテルをやっているCさんは，財務諸表をつかって株主たちに説明しなければなりません。

89

:::
　でも，会計のことがよくわかっていないＣさんには，財務諸表がうまくつくれません。
　'こまったなあ'
　'そうだ，専門家にたのもう。会計士にたすけてもらおう'
:::

こういうときにたのまれるのが，会計にかんする仕事，です。

税金にかんする仕事とは，どういう仕事なのでしょうか？

（税金のことは，ややこしくなるので，この本ではふれてきませんでしたが）人(ひと)も会社も，いろいろな税金をはらわなければなりません。

しかし，税金というものは，計算(けいさん)のやり方がややこしかったり，また，いろいろな計算のやり方があったりします。

:::
　Ｃさんは，Ｃホテル会社の税金をはらわなければなりません。
　でも，Ｃさんには，計算のやり方がよくわかりません。
　'こまったなあ'
　'そうだ，会計士にたすけてもらおう'
:::

第 5 章　会計士ってなに？

こういうときにたのまれるのが，税金にかんする仕事，です。

会計士は，税金のこともよく知っています。

経営コンサルティングとは，どういう仕事なのでしょうか？

> 　Ｃさんのやっているホテルは，去年はうまくいっていて，300万円もうかりました。
> 　でも，今年は，どういうわけか，ぜんぜんもうかりませんでした。
> 　ホテルのやり方に問題がありそうです。
> 　'こまったなあ'
> 　'そうだ，会計士にたすけてもらおう'

こういうときにたのまれるのが，経営コンサルティング，という仕事です。

　経営とは，簡単にいってしまえば，おカネもうけのために，たとえばホテルをやったり，お店をやったり，工場をやったりすること，です。
　コンサルティングとは，これも簡単にいってしまえば，うまいやり方をおしえること，です。

会計士のなかには，経営のこともよく知っていて，うまいやり方をおしえられる人がたくさんいます。

　このように，会計士は，だいたい4種類の仕事をしていますが，このなかで，監査，という仕事だけは，会計士だけができる仕事，つまり，会計士以外(いがい)の人はしてはいけない仕事，と法律(ほうりつ)できめられています。

　会計士の仕事のなかで，いちばん大事(だいじ)な仕事は監査です。

第 5 章　会計士ってなに？

◆ 会計士になるには

会計士になるには、むずかしい試験(しけん)に合格(ごうかく)しなければなりません。

公認会計士試験(こうにんかいけいししけん)、というこの試験には、ふたつの試験があります。

ひとつめは、短答式試験(たんとうしきしけん)、といって、つぎの4科目(かもく)があります（どんな科目か、は、むずかしいので、この本ではふれません）。

財務会計論(ざいむかいけいろん)
管理会計論(かんりかいけいろん)
監査論(かんさろん)
企業法(きぎょうほう)

この試験の合格率(ごうかくりつ)は、たとえば2006年(ねん)のばあい、31パーセントくらい（16,210人(にん)が受けて、5,031人が合格）です。

この試験に合格すると、ふたつめの試験を受けることができます。

第5章　会計士ってなに？

　ふたつめは，論文式試験，といって，つぎの5科目があります（これも，どんな科目か，は，むずかしいので，この本ではふれません）。

　　会計学
　　監査論
　　企業法
　　租税法
　　経営学，経済学，民法，統計学，のうち，どれか1科目

　短答式試験に合格した人の論文式試験の合格率は，たとえば2006年のばあい，27.3パーセントくらい（5,031人が受けて，1,372人が合格）です。

　ふたつの試験をあわせてかんがえると，合格率は8.5パーセントくらい（16,210人が受けて，1,372人が合格）ですから，むずかしい試験です。
　だれでも簡単に受かるような試験ではありません。

　つまり，会計士は，だれでも簡単になれるようなものではありません。

　でも，そうだからこそ，人々に信頼されて，'会計士にたすけ

95

てもらおう'ということになるのです。

> Cさんは，Cホテル会社の財務諸表を監査してもらいました。
> ちゃんとした監査でなければ株主たちに安心（あんしん）してもらえないので，会計士に監査してもらいました。
>
> Cさん 「財務諸表は会計士にチェックしてもらってますから，ちゃんとしたものですよ。安心してください」

人々に信頼される会計士だからこそ，株主たちは，安心できる，のです。

第5章　会計士ってなに？

会計士
かいけいし

信頼
しんらい

97

◆ プロフェッション

　会計士のような職業のことを，**プロフェッション**，といいます。

　プロフェッションとは，簡単にいってしまえば，**専門的な知識を身につけて，人々に信頼されてする職業**，です。

　イギリスやアメリカでは，医師，弁護士，そして会計士のことを，三大プロフェッション，などともいいます。

第 5 章　会計士ってなに？

医師(いし)

会計士(かいけいし)

弁護士(べんごし)

　このような会計士というプロフェッションが誕生(たんじょう)したのは，19世紀(せいき)のなかごろ，いまから150年くらいまえ，イギリスのスコットランドというところでした。

99

スコットランド

ロンドン

第6章 会計の歴史

複式簿記
期間計算
発生主義

第6章　会計の歴史

◆　みっつのできごと

これまで勉強してきたような会計には，どんな歴史があるのでしょうか？

会計の歴史にはいろいろなことがありましたが，とくに大事なできごとは，つぎのみっつでした。

　　14世紀〜15世紀ごろのイタリアで，**複式簿記**，というものができあがったこと
　　16世紀〜17世紀ごろのネーデルラント（いまのベルギーとオランダと）で，**期間計算**，というものができあがったこと
　　18世紀〜19世紀ごろのイギリスで，**発生主義**，というものができあがったこと

◆ 複式簿記

複式簿記とはなんでしょうか？
そのまえに，簿記(ぼき)，とはなんでしょうか？

簿記は，簡単(かんたん)にいってしまえば，記録(きろく)，です。

記録とは，あとでわからなくなってしまったりしないように，ノートなどに書(か)いておくこと，ですが，もちろん，記録，にもいろいろな，記録，があります。
では，簿記という記録はどういう，記録，なのでしょうか？なにをノートなどに書いておくこと，なのでしょうか？

なにを書いておくのか，といえば，それは，おカネやモノ，のことを書いておくのです。
おカネやモノ，がどれだけあるか，どれだけ増(ふ)えたか，どれだけ減(へ)ったか，といったことを書いておくのです。

つまり，簿記とは，おカネやモノ，がどれだけあるか，どれだけ増えたか，どれだけ減ったか，といったことを，あとでわからなくなってしまったりしないように，ノートなどに書いておくこと，なのです。

第6章　会計の歴史

　このような簿記にはいろいろなやり方がありますが，そのなかで，いちばんうまいやり方，わかりやすいやり方が，複式簿記，というやり方です。

　(どんなやり方か，は，むずかしいので，この本ではふれませんが) この複式簿記というやり方が最初にかんがえ出されて，人々につかわれるようになったのは14世紀〜15世紀ごろのイタリアでした。

　そして，この複式簿記は，財務諸表をつくるためにつかわれるようになります。

　複式簿記は，なにをいくらで買ったとか，どれだけのおカネをはらったとか，どれだけのおカネを借りたとか，どれだけのおカネを返したか，といったことをとてもわかりやすく記録できるので，財務諸表をつくるのにとても便利なのです。

　複式簿記は，世界中につたわって，世界中で財務諸表をつくるためにつかわれるようになってゆきました。

◆ 期間計算

たとえば第4章に出てきた損益計算書は、つぎのようになっていました。

Cホテル会社の損益計算書
1月1日～12月31日

給料	60万	売上	400万
水道光熱費	40万		
利益	300万		
	400万		400万

この損益計算書には、1月1日から12月31日まで、の収益（売上）と費用（給料と水道光熱費と）とがしめされ、そして、1月1日から12月31日まで、の利益がしめされています。

このような、〇月〇日から〇月〇日まで、のことを、期間、といいます。

そして、〇月〇日から〇月〇日までの利益、つまり、期間の利益、を計算するやり方を、期間計算、といいます。

第6章 会計の歴史

　このような期間計算というやり方が最初に人々につかわれるようになったのは16世紀〜17世紀ごろのネーデルラントでした。

　このやり方も，世界中でつかわれるようになってゆきました。

◆ 発生主義

> Cさんがやっているホテルの宿泊代はひとり1万円です。
> あるとき30人の団体さんが泊まりました。
> つぎの日の朝,団体さんが出発するときに宿泊代として30万円のおカネをもらいました。
> Cさんは複式簿記をつかって,30万円の売上,と記録しました。

このように,おカネをもらったときに収益(売上)を記録するようなやり方を,現金主義,といいます。

昔はこういうやり方をしていました。

> あるとき30人の団体さんが泊まりました。
> つぎの日の朝,団体さんが出発するときに,「宿泊代の30万円はあとではらいます。今月の31日までにはらいます」と約束してもらいました。
> Cさんは複式簿記をつかって,30万円の売上,と記録しました。

第6章　会計の歴史

　このように，おカネはまだもらっていなくても，○日までにはらう，といったような約束をしてもらったときに収益を記録するようなやり方を，発生主義，といいます（どうして，発生主義，というのか，は，むずかしいので，この本ではふれません）。

　このような発生主義というやり方ができあがったのは18世紀〜19世紀ごろのイギリスでした。

　このやり方も，世界中でつかわれるようになってゆきました。

◆ 今日の会計

　今日の会計では，複式簿記，と，期間計算，と，発生主義，とでつくられた財務諸表がつかわれています。

　そして，その財務諸表は，会計士によって監査されています。

　会計士に監査してもらって株主たちを安心させる，というやり方ができあがったのは19世紀のおわりごろのイギリスでした。

著者紹介

友岡 賛（ともおかすすむ）

慶應義塾幼稚舎等を経て
慶應義塾大学卒業
慶應義塾大学助手等を経て
慶應義塾大学教授
博士（慶應義塾大学）

著書等

『近代会計制度の成立』有斐閣
『アカウンティング・エッセンシャルズ』（福島千幸との共著）有斐閣
『歴史にふれる会計学』有斐閣
『株式会社とは何か』講談社（現代新書）
『会計学の基礎』（編）有斐閣
『会計破綻――会計プロフェッションの背信――』（監訳）税務経理協会
『会計プロフェッションの発展』有斐閣
『会計士の歴史』（小林麻衣子との共訳）慶應義塾大学出版会
『会計の時代だ――会計と会計士との歴史――』筑摩書房（ちくま新書）

著者との契約により検印省略

平成19年10月8日　初版第1刷発行

12歳からはじめる賢い大人になるための
ビジネス・レッスン 「会計」ってなに？

著　者	友　岡　　　賛
発行者	大　坪　嘉　春
印刷所	税経印刷株式会社
製本所	株式会社三森製本所

発行所　東京都新宿区下落合2丁目5番13号　株式会社 税務経理協会
郵便番号 161-0033　振替 00190-2-187408　電話 (03)3953-3301(編集部)
FAX (03)3565-3591　　　　　　　　　(03)3953-3325(営業部)
URL http://www.zeikei.co.jp/
乱丁・落丁の場合はお取替えいたします。

© 友岡賛 2007　　　　　　　　　　Printed in Japan

本書の内容の一部又は全部を無断で複写複製（コピー）することは、法律で認められた場合を除き、著者及び出版社の権利侵害となりますので、コピーの必要がある場合は、予め当社あて許諾を求めて下さい。

ISBN978-4-419-04941-6　C1034